(N° 1)

Vente du Mardi 7 Avril 1908

HOTEL DROUOT — SALLE N 10

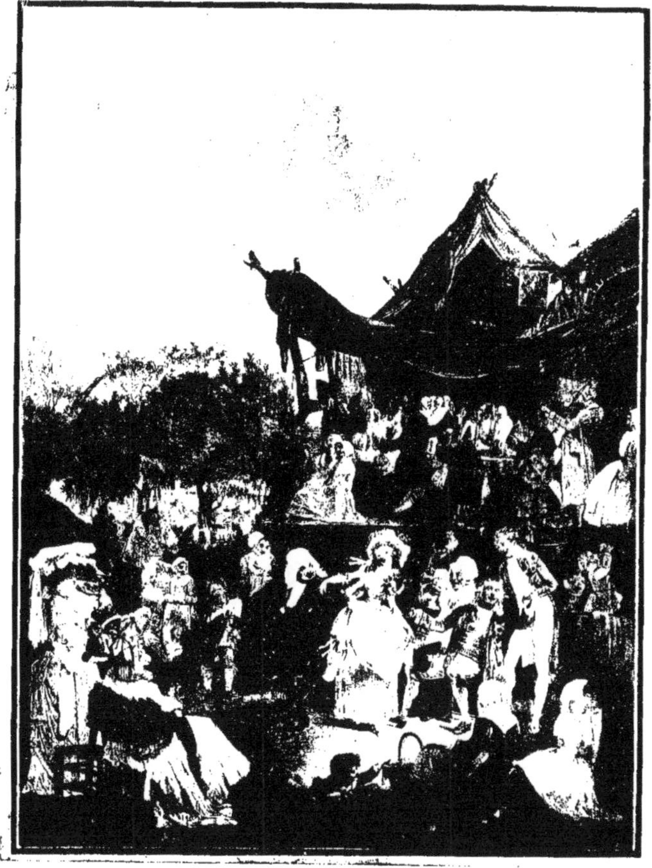

N° 39 du Catalogue.

ESTAMPES ANCIENNES & MODERNES

DESSINS

Commissaire-Priseur :

M° André DESVOUGES

(Successeur de M° M. DELESTRE).

Expert : Leo DELTEIL

Libraire et Marchand d'Estampes

58, Rue de Chateaudun.

CATALOGUE

D'ESTAMPES

Anciennes et Modernes

Gravures en Noir et en Couleurs du XVIIIe Siècle.

CARICATURES - COSTUMES - PORTRAITS

DESSINS

etc.

Dont la vente aura lieu

à Paris, HOTEL DROUOT, Salle N° 10

Le Mardi 7 Avril 1908

à 2 heures précises

Par le Ministère de Me ANDRÉ DESVOUGES,

COMMISSAIRE-PRISEUR

Successeur de Me MAURICE DELESTRE

26, Rue de la Grange-Batelière

Assisté de M. LÉO DELTEIL, Libraire et Marchand d'Estampes.

38, Rue de Châteaudun.

CONDITIONS DE LA VENTE

Elle sera faite au comptant.

Les adjudicataires paieront *dix pour cent* en sus des enchères.

M. Léo Delteil remplira les commissions que voudront bien lui confier les amateurs ne pouvant y assister.

MM. les amateurs pourront visiter la collection, du Jeudi 26 au Mardi 31 Mars 1908, *38, Rue de Châteaudun*.

CATALOGUE

de

LIVRES ILLUSTRÉS

du

XIXe Siècle

CATALOGUE

de

Costumes Militaires

FRANÇAIS & ÉTRANGERS

AQUARELLES

de

RAFFET, LALAISSE, etc.

Provenant des Collections San Donato, A. Millot.

COSTUMES, MODES

DESIGNATION

ADRESSES

1. Manufacture de Dubost Martin et Cie à Lyon; au Temple du Gout, etc. — Réunion de 7 adresses de fabricants de chapeaux, époque de la Restauration.

2. Au Roi de Perse — Aux Mérinos, etc., etc. — Entêtes de factures, adresses typographiques — Brevet de Franc-Maçonnerie, etc. — Vingt pièces.

ALIX (P. M.)

3. Augereau ; d'après Hilaire Le Dru. Très belle épreuve, marge.

AMANS (d'après)

4. Atelier du sieur Jadot, menuisier cy devant Eglise St-Nicolas. Gravé par P. Chenu. Très belle épr. à toutes marges.

AUBRY (d'après)

5. Le mariage rompu. Gravé par De Launay. Belle épreuve.

BÉJOT (Eug.)

6. Pont d'Austerlitz — Station de Fiacres — Deux eaux-fortes originales. Belles épreuves.

BENWEL (d'après)

7. L'Innocence en danger. Gravé par Le Noir. Très belle épreuve.

BIDA (d'après)

8. Scènes du Nouveau Testament. Réunion de 59 pièces gravées par L. Flameng, Massard, C. Nanteuil, Bracquemond, Ed. Hédouin, etc. Belles épr. *avant la lettre* sur chine monté.

BOILLY (L.)

9. Ah! comme il y viendra! Gravé par A. F. Clavareau. Belle épreuve.

BONNET (Louis Marin)

10. The Woman to King Coffee — The Milk Woman — Deux pièces faisant pendant. Belles épreuves *imprimées en couleurs, cadres tirés en or.*

11. La Vestale — La Coquette (N⁰ˢ 879-880). Deux pièces, belles épreuves *imprimées en couleurs.*

12. Têtes de Femmes, coiffées de parures de plumes et perles — Deux pièces d'après Carle Vanloo, *imprimées aux crayons de couleurs.* Belles épreuves.

13. Le Triomphe de Galathée, d'après Huet. Belle épreuve *imprimée en couleurs.*

14. Etude de la musique (N⁰ 106): d'après Le Clerc. Très belle épr. *imprimée en sanguine*, grandes marges.

15. Jeune femme russe: d'après Le Prince (N° 69).
Belle épr. *imprimée en sanguine*, toutes
marges.

BORNET et MARTINI

16. Coups d'œil exact de l'arrangement des Peintures
au Salon du Louvre en 1785 — Exposition au
Salon du Louvre en 1787 — Deux pièces.

BOUCHER (d'après F.)

17. Les Fruits du Ménage — Colombier — La Curio-
sité Chinoise — Trois pièces gravées par Vasseur.
Chedel et Ingram.

18. Cupid beggings his Quiver of Venus : gravé à la
manière noire, publié chez R. Sayer, London —
Le Repos de Diane, gravé par Pelletier — Tête
de Femme, gravé par Huquier fils — La Ven-
dange, gravé par Parizeau — Quatre pièces.

19. La Ferme — Les Grâces au bain — Vue d'après
nature, N° 2 — Vignettes — Douze pièces gravées
par Benazech, Ryland, Basan, Le Bas, etc.

BUHOT (F.)

20. Matinée d'automne. Lithographie originale. Très
belle épr. sur *papier de chine*.

BUNBURY (d'après)

21. The Mouse's Petition — Marian — Marian and
Colin-Clout — Hobnelia and Lubberkin —
Quatre pièces gravées par P. Vedovato, d'après
Bunbury et Miss Julia Conyers. Très belles épr.
imprimées en bistre.

CARICATURES

22. Le Bal de Sceaux — L'Amateur anglais à Paris, par Blanchard, d'après Finart — Les Petits Bourgeois parisiens en partie de campagne, grav. par Jazet, d'après Cœuré — Les Coulisses de l'Opéra — Désagrément des Parapluies — 5 pièces *coloriées*.

23. Arrivée à la Fontaine de Jouvence. Gravé par Morret, d'après Paquet. Belle épr. imprimée *en couleurs*.

24. La Première nuit des noces — Le lendemain de noces — Deux pièces faisant pendants, publiées chez Martinet, *coloriées*.

25. Réunion des Dames anglaises — Les Trois Grâces Parisiennes en 1804 — Concert du Faubourg St-Germain — Les amateurs, etc. — Treize pièces *coloriées* (2 en noir).

CARRIÈRE (Eug.)

26. Tête de Femme. Lithographie originale. Très belle épr. sur *papier de chine*.

CHARDIN (d'après)

27. Les Tours de Cartes. Gravé par Surugue fils, 1744 — Belle épreuve.

COAT (d'après)

28. Her Grace Elizabeth Dutchess of Hamilton. Gravé à la *manière noire* par Houston. Belle épreuve.

COLINET

29. Madame de Boufflers. Belle épreuve, *en couleurs*.

COSTUMES ET COIFFURES

30. Coeffure à l'espérance — Costume Parisien, etc.
— Onze pièces en noir et *en couleurs* (*1 dessin*).

31. Modes du XVII' et XVIII' siècle, par B. Picart et
autres — Vingt-sept pièces.

32. Modes du 1ʳ Empire et de la Restauration —
Quinze pièces en noir et *en couleurs*.

33. Costume Parisien, de l'an 7 à 1819 — Vingt-six
pièces *coloriées*.

34. Costume Parisien, 1824 à 1829 — Quarante-cinq
pièces *coloriées*

35. Costumes Parisiens, 1830 et 1831 — Soixante
planches *coloriées*, en 1 vol. in-8, demi-rel.

COSWAY (d'après)

36. Portrait en pied de Lady ?. Gravé par A. Cardon.
Belle épreuve, *avant la lettre, en couleurs.*

37. Mʳˢ Robinson (Perdita). Joli portrait. Très belle
épr. imprimée en *couleurs,* grande marge.

CRÉBASSA, CAZALS

38. Femmes à l'absinthe — Etudes — Verlaine à
Londres. Quatre lithographies. Belles épr. sur
Japon.

DEBUCOURT (P. L.)

39. Le Menuet de la Mariée. Très belle épr. imprimée
en couleurs, marges.

40. La Femme et le Mari — La Coquette et ses Filles.
Deux pièces faisant pendants, *en couleurs,* toutes
marges.

41. Vue prise dans les Environs d'Ecouen. Belle
épreuve.

DEMARTEAU (G.)

42. Jeune Paysan, d'après Boucher (N° 516) — Jeune
Paysanne, d'après Huet (N° 517). Deux pièces
imprimées aux deux crayons. Belles épr.

43. Vénus et amour (N° 21); d'après Boucher; belle
épr. *imprimée en sanguine*.

43 *bis*. Femme Russe, d'après Le Prince — Vénus au
bain, d'après Boucher — Deux pièces *aux crayons
de couleurs*, sans marges.

DEROSIER (d'après)

44. Le Déjeuner du Modèle. Gravé par Sombret.
Superbe épreuve *imprimée en couleurs*, grande
marge.

DESCAMPS (d'après)

45. La Pupille. Gravé par Le Mire. Belle épr. à toutes
marges.

DE FROY, VIEN (d'après)

46. L'Ornement de l'Esprit et du Corps — L'Offrande
— La Douce Mélancolie. Trois pièces gravées
par Surugue, Le Lorrain et Beauvalet.

DIVERS

47. Histoire de Don Quichotte, d'après Coypel —
Tableaux de la Révolution Française — Monu-
ment consacré à la Postérité en mémoire de la
folie incroyable de la XX° année du XVIII° siècle
— Le Diseur de Bonne Aventure, d'après
Courtin — Sujets religieux et autres — Trente-cinq
pièces.

48. Sujets religieux, mythologiques, histoire ancienne, chasses, Estampes diverses, par ou d'après Weirotter, Rubens, Goltzius, Oudry, etc. — Lot de 72 pièces.

49. Sujets divers, par Boissieu, Callot, Duplessis-Bertaux, Schenau, etc. — Lot de 65 pièces.

DRUMMOND (d'après S.)

50. Gaiety. Gravé par Th. Williamson. Très belle épr., grandes marges.

DUMESNIL (d'après)

51. Le Traitant. Gravé par Lucas. Très belle épreuve avec marges.

EAUX-FORTES MODERNES

52. Le Petit Épicier, par E. Delâtre — Le Graveur, par M. Luce — Fleurs, par Houdard — Michel Ange modelant, bois d'après Rodin — Quatre pièces, belles épr. sur hollande et japon.

53. Un seigneur du temps de François I⁽ᵉʳ⁾ — La sortie de Bébé — La Danseuse Rolotte Gozin, etc.— Sept pièces par Delacroix, Boilvin, Duez, Desboutin et de Nittis. Belles épr. sur japon, parchemin et hollande.

54. Sujets divers, par Ardail, Abot, Courtry, Kœpping, Lalauze, Unger, Waltner, etc. — Lot de 55 pièces, quelques-unes en épr. *avant la lettre* sur japon.

54 *bis*. Sujets divers, par Champollion, Lalauze, Berne-Bellecour, Teyssonnières, de Los Rios, etc. — Lot de 77 pièces, épreuves *avant la lettre* sur hollande.

ÉCOLE FRANÇAISE

55. La Belle Villageoise, d'après Boucher — Le Berger Curieux, d'après Le Bouteulx — Le Passe-temps agréable, d'après De La Hire — Le Maître de Danse, etc. — Six pièces gravées par de Poilly, Dupuis, etc.

55 *bis*. Le Goûter de l'Automne, d'après Boucher — Le Mouton Favori, d'après Eisen — Deux pièces grav. par R. Gaillard. Belles épreuves (tirage postérieur).

56. Breuvage d'amour à l'Innocence, par Augrand — La Fidélité, d'après Le Barbier — L'Utile et l'Agréable, par Jazet — A la Beauté, par Mécou — Le Messie, par P. F. Legrand — L'Innocence et l'Amour, etc. — Sept pièces.

57. Le Messager discret, par Gaillard, d'après Boucher (tirage postérieur) — Feste de Diane, troublée par des satyres, par Gillot — Junon empruntant la ceinture de Vénus; grav. par Miger, d'après Regnaud — Trois pièces, belles épreuves.

58. La Petite Fermière, grav. par Varin, d'après Le Prince — Amusements champestres — Le Prix de la Beauté, gr. par Tourcaty, d'apr. Dardel — Il en aura *(chez Naudet)* — Vendeur d'Estampes, etc. — Six pièces (1 coloriée).

59. En vain je voudrais m'en deffendre... d'après de Troy — Le dessinateur, d'après Chardin — L'après-dinée, d'après Lancret — Le Fiacre, d'après Jeaurat, etc. — Six pièces.

60. L'Amour réfugié dans la maison d'Anacréon, grav. par Desplaces, d'après Coypel — Agar répudié, grav. par Le Veau, d'après Dietricy — Ruine grecque, grav. par Le Bas, d'après Panini, etc. — Six pièces, dont une *avant la lettre* et une à *l'état d'eau-forte.*

61. L'attente du moment, d'après Eisen. — Le Collin-
Maillard, d'après Scheneau — L'amour maternel,
d'après Peters — La vrai mère, d'après Greuze,
etc. — Six pièces gravées par Halbou, Varin,
Chevillet, etc.

62. Le Pallet et son pendant, grav. par St-Non, d'après
Benard — L'Eté et l'Hiver, d'après Lutaud,
etc. — Neuf pièces.

63. Le Diseur de Bonne Aventure — Jupiter et Io,
etc.— Quatre pièces d'après Courtin, Tiepolo et
autres (2 pièces *avant la lettre*).

64. Retour de Nourrice, gravé par Hubert, d'après
Greuze — Les Amours pastorales (à Paris chez
Mondhare) — La Visite du Pasteur, grav. par
Cardon, d'après Westall. — L'Agriculture : les
Sciences, par Prudhon — Cinq pièces imprimées
en couleurs et coloriées (restaurations et piqûres
de vers).

65. Paysages, groupes d'enfans — Quinze pièces en
noir et en sanguine, d'après Hubert Robert,
Houel et autres.

EISEN (d'après)

66. L'Amour Asiatique. Gravé par F. Basan. Belle
épreuve.

FANTIN-LATOUR

67. L'Immortalité. A Victor Hugo — La Romanesca
(chanson d'aïeule) — Deux pièces, très belles
épr. sur *chine* et sur *japon*.

FRAGONARD (d'après)

68. L'Amour. Grav. par F. JANINET, 1777. Très belle
épr. *imprimée en couleurs*.

69. Le Verre d'Eau. Gravé par Ponce. Belle épreuve
(Tirage postérieur).

GAUGAIN (Paul)

70. La Vierge et l'Enfant— Tahiti. Deux lithographies
originales. Très belles épr. sur *japon*.

GREUZE (d'après)

71. La Servante congédiée: grav. par Voyez — Les
Œufs cassés, etc. — Trois pièces, belles épreuves,
dont deux *avant la lettre*.

HAMILTON (d'après W.)

72. Children playing with a Lamb. Gravé par
C. White. Belle épr. imprimée *en bistre et sanguine*, grandes marges.

HUET (d'après J. B.)

73. La douceur et l'amitié enchaînent l'amour — La
Fidélité couronne l'Amour. Deux pièces faisant
pendants, gravées par P. Bonato. Belles épreuves.

74. L'Été. Gravé par E. Voysard. Très belle épreuve
du *1er état*, marges.

HUET (J. B.)

75. Pastorales. Deux pièces gravées à l'eau-forte,
faisant pendants. Belles épr. à toutes marges.

JEAURAT (d'après)

76. La Vieillesse — Les Savoyards. Gravé par Lépicié
et par Beauvarlet. Deux pièces. Belles épreuves.

77. La Terre — L'Eau. Deux pièces gravées par
E. M. Lépicié. Belles épr., grandes marges.

LAGRÉNÉE (d'après)

78. La Mélancolie (Jeune femme répétant les leçons du Dieu Pan). Gravé par A. F. Hemery. Belle épreuve.

79. Premier âge de l'amour — Education de l'Amour — Punition de l'Amour — Quatre pièces gravées par Bouilliard.

LANCRET (d'après)

80. Le Maître Galant. Gravé par J. P. Le Bas. Belle épreuve.

81. La Jeunesse. Gravé par N. de Larmessin. Très belle épreuve, mais le titre à moitié rogné du bas.

82. Les Rémois. Gravé par de Larmessin. Bonne épreuve.

82 *bis*. La Servante justifiée. Gravé par De Larmessin. Bonne épreuve.

83. Veux-tu d'une inhumaine emporter la tendresse ?... — Dans cette aimable solitude... Deux pièces gravées par Silvestre et Crépy.

LEGRAND (Louis)

84. Danseuse — La Petite Servatoire — Deux lithographies originales. Très belles épr. sur *japon*.

LE MOINE, NATTOIRE (d'après)

85. Adam et Eve — Le Triomphe d'Amphitrite — Le Triomphe de Bacchus, etc. — Cinq pièces gravées par L. Cars, Moitte et Duflos. Belles épreuves.

LITHOGRAPHIES

86. Etudes — Apparition — Inspiration — Six pièces par A. Lunois, de la Gandara, Luigini, Fantin-Latour et Rochegrosse. Belles épr. sur *chine* et *japon*.

87. Le Monologue — Mademoiselle Mariette, etc. — 7 lithographies originales par Dillon, Courboin et Léandre. Belles épreuves sur *chine* et sur *japon*.

88. Sujets divers, d'après ou par Isabey, Mouilleron, C. Nanteuil, Français, etc. — Huit pièces.

89. Lot de 21 pièces par Gavarni, Delacroix, Isabey, De Marne, etc.

MILLER (d'après **W.**)

90. The Peasant of Walheim. Gravé par J. Cary. Pièce ronde, belle épr. imprimée en *bistre*.

MOREAU (d'après)

91. La Course des Chevaux. Gravé par Guttenberg. Belle épreuve.

NANTEUIL (R.)

92. Chapelain (Jean): 1655 (R. D. 60) — Le Tellier (Michel) (128). Deux pièces, belles épreuves, une à toutes marges.

93. Dunois (Charles d'Orléans, Comte de), 1660. (R. D. 86). Belle épreuve.

94. Lamoignon, 1659, (R. D. 119). Belle épr. du 1ᵉʳ état.

95. Le Tellier (Michel), 1659. (132). Très belle épr.

96. Mazarin (Cardinal), 1661. (R. D. 187). Belle épr. du 1ᵉʳ état.

97. Turenne (H. de La Tour d'Auvergue, Vte de) (R. D. 232). Belle épr. du 2e état; mouillure. *Rare.*

NATTIER (d'après J. M.)

98. L'Air (Mme Adélaïde de France) — L'Eau (Mme Marie-Louise-Thérèse-Victoire de France) — Le Feu (Mme Marie-Henriette de France) — 3 pièces gravées par Beauvarlet, Gaillard et Tardieu. Belles épreuves, la dernière plus courte de marge (sans les vers au bas).

ORNEMENTS

99. MARIETTE (à Paris, chez). Costé de la Cheminée d'un Cabinet garni de glaces, etc. Suite complète de 7 pièces, toutes marges — Ornements divers: 7 pièces — Ens. 14 pièces.

100. Livre de différents ornements inventés par Martinet. Suite de 7 pièces (titre et pl. 3 à 8) — Eglise des Prêtres de l'Oratoire. Château de Stain, etc. — Ens. 17 pièces.

100 *bis.* QUEVERDO. 2e cahier de Panneaux, Frises et Sujets arabesques. A Paris, chez Chereau et Joubert. Suite complète de six pièces, toutes marges.

PARIS

101. JANINET. Hôtel de L'Assay — Vue des Capucins de la Chaussée d'Antin — Palais-Bourbon du côté de la rivière — Trois pièces *en couleurs.* — GARBIZZA. Vue prise de la Place du Panthéon — Ens. quatre pièces.

102. Le Cabaret Ramponneau. A Paris rue Ste-Hyacinthe dans la Maison de M. Parvillée — Le Triomphe de Monsieur de Ramponneau. A Paris chez Mové — Deux pièces, belles épreuves.

102 *bis*. Vue intérieure de Paris, représentant le Port
au Blé.... — Id , représentant le Port St Paul —
Deux pièces grav. par Berthault, d'après L'Es-
pinasse.

PEIRSON (J.)

103. Saturday or the Flights. *Jolie pièce imprimée en
couleurs*. Belle épreuve.

PERNET

104. Vues de la Grèce. 2 pièces rondes sur une feuille.
Belle épr. *imprimée en couleurs*, à toutes
marges.

PIÈCES HISTORIQUES

105. Le Sacre (et Couronnement) du Roy Louys
Treziesme célébré à Reims le Dymanche 17
octobre 1610. 2 pièces par F. Quesnel — Repré-
sentation dans sa vraie grandeur de la Couronne
de Pierreries qui a servi au sacre de Louis XV.
Gravé par Antoinne. — Trois pièces.

106. Sacre de Louis XV à Rheims — Vue de la déco-
ration élevée au Théâtre Italien en l'année 1763
à l'occasion des Fêtes de la Paix — Supplice de
Anne Du Bourg, 1559 — Portraits de Rois de
France, etc. — Douze pièces.

107. La Rue Quinquempoix en l'année 1720 — Monu-
ment consacré à la postérité en mémoire de la
folie incroyable du xviiie siècle — Deux pièces
sur Law.

108. Dernière entrevue de Louis XVI avec sa famille —
Madame Anne Elisabeth condamnée au supplice
— Deux pièces gravées par C. Silanio, d'après
Benazech : belles épr. *en couleurs*, montées sur
toile.

109. Événements de la Révolution, par Janinet — Vue
du Champ de Mars le 14 juill. 1790 — Louis XVI
et Marie-Antoinette — Bataille d'Esling, etc. —
Onze pièces.

110. Napoléon. Portrait-carricature : pub^d by R. Acker-
mann, London — Napoléon à Waterloo : lith.
de Victor, d'après Tassaert — Deux pièces.

PICCINI (Ant.)

111. Souvenirs de Rome. Douze eaux-fortes originales
et inédites. Préface de J. Claretie. *Paris. Cadart,
1878* — Suite complète de 12 pièces, épreuves
avant la lettre, sur *japon* (Ex. n° 9).

PICOT (London, publ. by), 1776.

112. Jeune femme voilée. Pièce ovale. Très belle épr.
imprimée *en couleurs.*

PLAITER (C. G.)

113. Peggy and Jenny — Peggy and Patie. Deux pièces
ovales faisant pendants, belles épr. imprimées *en
couleurs* (encadrées).

PORTRAITS

114. Fouquet (Nic.), par Rousselet, 1650 — Bonzi
(Mgr de), archevêque de Narbonne, par Lenfant,
1661 — Sutaine (P.), par Daullé, 1738 — Le
Moyne (A.), par Gantrel, 1704 — Petit (Ant.),
médecin, par Macret, etc. — Sept pièces.

115. Schonborn, archevêque de Mayence, grav. par
St Picart — Le Prestre (Cl.), par Lochon —
Delamet (L.), par Drevet, d'après Rigaud — Louis
Quinze, par François — De Thou, par Lubin —
Charles VII, par Grignon, etc. — Treize pièces.

116. Matignon, évêque de Lisieux, par Lenfant, 1661 —
d'Estampes, gouverneur de Marseille, par J.
Frosne, 1654 — Pric (Mme de), par F. Poilly —
Harlay (de), archevêque de Paris, par Van
Schuppen, 1659 — La Rochefoucauld (C^{al}), par
Galimard — Louis Quinze, par de Larmessin,
d'après Vanloo. — Six pièces.

117. Du Couédic. Gravé par Vangelisty — Bernoulli
(J.), grav. par Schmidt — Miramion (Mme de),
grav. par Edelinck — Tubieres de Caylus (Ch. G.
de), grav. par Schmidt, d'après Fontaine — Quatre
pièces, belles épreuves.

118. Crébillon, grav. par Balechou, d'après Aved —
Guyot Desfontaines, grav. par Schmidt, d'après
Toqué — Maroulle (J. A. de), grav. par Coypel
— Revoire (R.), abbé de Ste Geneviève, grav. par
Cathelin — Vouet (Simon), peintre — Busching
(A. F.) — Six pièces.

119. Le Clerc (Séb.), par Duflos — Bon de Boulogne,
par Tardieu — Duc de Chartres, par Chevillet —
Molière, etc. — Sept pièces.

120. La Fayette (à Paris chez Basset) — Franklin (B.),
par Le Beau — Reynolds (J.), par Pariset et par
S. W. Reynolds — J. J. Rousseau, etc. — Six
pièces.

121. Helvétius, par St Aubin — La Borde (J. B. de),
par Marillier — La Tour Chatillon Zurlauben,
par H. Pfeninger — Restif de la Bretonne, par
Berthet — Bayle, par Savart — De Belloy, par
Le Beau, etc. — Neuf pièces.

122. Beaumarchais — Bitaubé — Chenevière — Cor-
neille — Diderot — Métastase — Palissot —
Piron — Racine, etc. — Onze portraits gravés
par A. de St Aubin, Ficquet, Gaucher, Choffard
et De Launay.

123. Delille (J.) — Delisle de Salles — Cervantès —
Destouches — Huber — La Fontaine — Mably
- Montesquieu — Regnard, etc. — 18 portraits
gravés par Roger, Macret, Tardieu, Littret, etc.

124. Voltaire. Portraits divers — Le déjeuner de Ferney
— Mort de Pouple, chirurgien de Mr de Voltaire
— Vue du Château de Ferney, du côté du Nord
— Huit pièces sur Voltaire, plusieurs rares.

PRÉVOST (B. L.)

125. Le Bon Enfant. Gravé par Carrée. Belle épreuve.

PUVIS DE CHAVANNES

126. Etudes et Croquis. Cinq lithographies, belles épr.
sur *japon* (une sur vélin).

RAMSAY (d'après A.)

127. Tête de jeune femme, à mi-corps. Gravé à la
manière noire par J. Mc Ardell. Belle épreuve.

READ (d'après C.)

128. Miss Beatson. Gravé à la *manière noire* par
J. Watson. Belle épreuve.

REMBRANDT

129. La Circoncision — Le Jeu de Kolef — Les Ven-
deurs chassés du Temple, etc. — Huit pièces,
bonnes épreuves, tirage Basan.

130. L'Etoile des mages — L'annonce aux bergers —
Jésus et la Samaritaine — St-Jérôme en prière —
Femme nue couchée, vue de dos, etc. — Douze
pièces, tirage Basan.

131. Sujets divers, Portraits — Réunion de 28 pièces, bonnes épr. tirées du Recueil de Basan.

132. Sujets divers. Planches tirées du Recueil publié par Basan, dont un certain nombre de copies ou d'après Rembrandt — 43 pièces.

RIGAUD (d'après I. F.)

133. Providence. Gravé par B. Smith. Très belle épr. *imprimée en couleurs.*

134. The Dutchesse C... deliverance. Gravé par Bettelini. Belle épreuve.

RIGAUD (d'après H.)

135. Belle-Isle (Ch. L. A. Foucquet de), grav. par J. G. Wille — Noailles (A. J., duc de), gravé par Edelinck — Deux pièces, belles épreuves.

136. Delamet (I..), gravé par Drevet — Fleury (A. H., C⁺ de), gravé par F. Chereau — Mesnager (Nic.), gravé par Simonneau. — Trois pièces.

RISING (d'après)

137. Proverty. Gravé à la *manière noire* par Graham. Belle épreuve.

RODIN (A.)

138. Victor Hugo, de face. Pointe sèche originale. Très belle épr. sur *japon, avant la lettre.*

ROPS (F.)

139. La Femme à la toque écossaise — Départ pour le Sabbat — Étude de nu — Trois pièces. Belles épr. sur hollande et japon.

140. Le Bailli — Cy devant — Quelques croquis — Tesson humain — Quatre pièces, belles épreuves sur japon.

RUBENS (d'après)

141. The Infante Donna Isabella governante of Flanders. Gravé à la *manière noire* par Miller.

SAINT AUBIN (A. de)

142. La Promenade des Remparts de Paris. Belle épreuve avec marges (remmargée sur un côté).

SANGUINES

143. Sainte-Famille — L'Enfant en méditation — Tête d'étude — Trois pièces gravées par Demarteau et Bonnet (*une aux crayons de couleurs*).

144. Etudes de têtes et d'enfant, d'après Greuze, Eisen, Schenau — Cinq pièces gravées par Janinet, Bonnet, Carrée, etc. (Une pièce en noir).

145. Etudes de têtes, amour, d'après Boucher, Eisen, Le Barbier. —Cinq pièces gravées par Demarteau, Bonnet et autres.

146. Parizeau (Ph. L.). IX Cahier de Principes de Dessin d'après nature. A Paris chez Chereau — Suite de 4 pièces gravées par Roubillac. Belles épreuves à toutes marges.

147. Têtes de Femmes, études. Six pièces par Demarteau et autres (*dont deux dessins*).

148. Tête d'Homme, d'après Boucher — Etudes d'Animaux, d'après Berghem, etc. — Sept pièces gravées par Bonnet, Janinet, François, etc.

149. Académies — Six pièces par Bonnet d'après Lagrénée, par Demarteau, etc.

150. Têtes d'expressions, études d'animaux. — Neuf pièces par Parizeau, Lucien, etc.

SCHALCKEN (d'après G.)

151. Jeune femme dormant, éclairée par une bougie. Gravé à la *manière noire* par J. Smith.

SCHALL (d'après)

152. Les Espiègles. Gravé par DESCOURTIS. Très belle épreuve *imprimée en couleurs* (encadrée).

153. Le Premier Baiser de l'Amour — L'Elisée — Le Rocher de Meillerie — Le Premier mouvement de la nature — Quatre pièces gravées par A. Le Grand. Belles épreuves, marges (mouillures).

SCHENAU (d'après)

154. Plaisirs de l'Enfance — La Marchande d'Hannetons. Deux pièces faisant pendants gravées par J. Varin. Très belles épr. *imprimées en sanguine.*

155. Le Repas convoité. Gravé par Littret. Belle épreuve.

SPORTS

156. Diamond. Gravé *à la manière noire* par Wheshel, d'après Sartorius, 1799. Belle épreuve.

157. Pilgrin, the Property of the Marquis of Rockingham — The Portraiture of the Earl of Portmores Grey Horse Skin — Deux pièces par June et H. Roberts, d'après Sartorius et J. Roberts. Belles épr. *coloriées.*

158. Miss Slamerkin; grav. à la manière noire par Burford — Cheval Normand; lith. de C. Vernet — Chevaux Polonais — Trois pièces, *une en couleur.*

159. (Boxe). William Neat, aged 32 (Portrait en pied du célèbre boxeur). Gravé par F. C. Lewis, d'après Rippingillo. Belle épreuve.

VANLOO (d'après J.)

160. Le Coucher. Gravé par Porporati. Très belle épreuve.

VERNET (d'après Jos.)

161. Le Port neuf, ou l'Arsenal de Toulon — Le Port vieux de Toulon — La Ville et la Rade de Toulon. Trois pièces gravées par C. N. Cochin et J. Ph. Le Bas. Belles épreuves.

162. La Madrague ou la Pêche du Thon, vue du golfe de Bandol. — Le Port de Cette en Languedoc. Deux pièces gravées par C. N. Cochin et Le Bas. Belles épreuves.

163. L'Entrée du Port de Marseille, vue de la montagne appelée tête de More. Gravé par C. N. Cochin et Le Bas. Belles épr.

164. Vue de la Ville et du Port de Bordeaux, prise du côté des Salinières — id., prise du Château Trompette. Deux pièces gravées par C. N. Cochin et Le Bas. Belles épreuves.

165. Vue de la ville et du port de Bayonne, prise sur le glacis de la Citadelle — id., prise de l'allée de Boufflers. Deux pièces gravées par C. N. Cochin et Le Bas.

166. Le Port de Rochefort, vu du magasin des Colonies. Gravé par C. N. Cochin et Le Bas. Belle épreuve.

167. Le Port de La Rochelle, vu de la petite rive. Gravé par C. N. Cochin et Le Bas. Belle épreuve.

168. Vue du Port de Dieppe. Gravé par C. N. Cochin et Le Bas. Belle épreuve.

VERNET (d'après C.)

169. Course de Chars romains au Champ de Mars. (B. 204). Très belle épreuve *avant la lettre*.

170. L'Entrée à l'Ecurie. Gravé par Jazet. Belle épreuve.

WATTEAU (d'après)

171. Qu'ay-je fait assassins maudits... Gravé à l'eau-forte par le C. C. (Cte de Caylus), terminé par F. Joullain. Belle épreuve.

DESSINS

ANONYME

172. Fête Révolutionnaire. Gouache ancienne (larg. 0.40 ; haut. 0.29).

   Cachet de la Collection de l'abbé Desrosiers, d'Orléans.

BÉRICOURT

173. Réjouissances publiques : Distribution de vivres. Aquarelle.

CHARLET

174. Le Marchand de brioches — Sépia, signé.

COURTOIS

175. Tête de Femme — Dessin au crayon noir, rehaussé de blanc.

ÉCOLE FRANÇAISE DU XVIIIe SIÈCLE

176. Fontaine Monumentale (Hercule portant le monde). Paysage avec personnages — Aquarelle (haut. 0.61 ; larg. 0.41).

177. Ruines Romaines. Gouache (haut. 0.54 ; larg. 0.43).

GUIS (Constantin)

178. Voiture de Gala. Encre de chine et lavis.

NICOLLE (V. J.)

179. Halle du Puget à Marseille. Aquarelle (haut 0.13 ;
larg. 0.19) ; encadrée. Jolie pièce.

PIET (F.)

180. Au Café-Concert. Dessin rehaussé de couleurs
(larg. 0.41 : haut. 0.27) ; encadré.

PINELLI

181. Scène de Carnaval à Rome. Plume et aquarelle,
signé et daté, 1830.

POINAT (J.)

182. Le Cimetière du Beaucet (Var). Aquarelle.
(larg. 0.26 : haut. 0.19).

RAMELET (Ch.)

183. Marée basse. Aquarelle, signée et datée 1836.

SWEBACH

184. La Laitière. Sépia.

VIERGE (Daniel)

185. Don Quichotte se faisant armer Chevallier.
Gouache signée.

186. Arrivée de Don Quichotte à l'Hôtellerie. Gouache
signée.

187. Dessins anciens. Dix pièces.

188. Dessins anciens et modernes. Treize pièces.

189. Dessins anciens. Vingt pièces.

190. Dessins anciens et modernes. Vingt-six pièces.

191. Dessins divers. Soixante-six pièces.

192. Gouaches, sujets légers et autres, signées et datées Thomas Moselli, 1793 et 1794 — Dix-huit pièces.

193. Ornements: Dessins anciens et modernes. Dix-neuf pièces.

IMPRIMERIE

FRAZIER-SOYE

153-157, Rue Montmartre

PARIS